分権の可能性

スコットランドと北海道

山口　二郎

I　世紀末選挙の意味　2

1　二十世紀最後の宴　2

日本に残されたタイムリミットはあと三年／政権維持のための伝統的な公約／自公保連立政権には期待できない「財政再建」／連立政権の宿命―漂流する難破船―

2　閉塞した現状は打開できるか　11

政治的修羅場は三、四年後／もう戻れない「量的拡大路線」／好ましくない「都市対農村」という政治的対立軸／二十一世紀型デマゴーグを先どる石原慎太郎／求められる都市・農村を通じた新しい経済構造への転換／自己決定を基調としたローカルな政策決定／今、さまざまな制度構想が必要

II　地域開発の新しいパラダイム―スコットランド・モデルの可能性　21

1　スコットランドの分権改革　22

スコットランドにおける分権運動の展開／地域自立の意味／歴史を見よ／十年がかりで用意された「分権構想」

2　スコットランドの地域開発　33

産業構造の転換／戦略的経済政策の重要性／グローバル化と地方自治体／財政面での均衡の仕組み

3　北海道への教訓　37

地方自治土曜講座ブックレットNo. 61

Ⅰ　世紀末選挙の意味

1　二十世紀最後の宴

今日は、時節がら、冒頭は先週の総選挙について少しコメントをしなければいけないだろうと思います。

確かに、今までの選挙に比べれば選挙の争点は少しは見えてきた。それは要するに自民党というか自公保政権の側が一兎を追うという路線で、景気対策、要するにもう当面赤字財政も仕様がない、どんどん何でも有りで、公共事業をバンバンやるという路線と、民主党の側が苦い薬ということを言い出しまして、先マイナスになるようなことも含めて少し中期的な政策を議論していこうということを言い出している。そこにある種の対立の軸が見えてきたわけです。

日本に残されたタイムリミットはあと三年

今の赤字財政路線がいつまで続くか。私はこの六月に『現代』という月刊雑誌で、田中秀征さんと立教大学の斎藤精一郎さんの三人で「大転換臨時政権」という論評を書きました。その中の相棒の斎藤精一郎さんの説を紹介します。要するに亀井政調会長が「日本には千三百兆円の金融資産があるからまだまだ借金財政をしても大丈夫だと、外国から借金をしているわけではなくて、日本人の貯蓄を回しているんだから、心配はない。」ということを言っているのですが、それは間違いだと言うのが斎藤さんの説です。私もそう思います。

千三百兆円といっても、すでに六百四十五兆円という、国・地方の「表の借金」がすでにあるわけです。それに加えまして、いわゆる「隠れ借金」がある。財政投融資に関連して、特殊法人とか第三セクターなどが抱えている借金、これは形式上はその株式会社の負債です。しかし、現実問題として例えば関西新空港とか東京湾横断道路だとかの、国策としてやっているビッグプロジェクトは、民間企業で負債が膨らんだ、あるいは債務超過になったから全部民事的な手続きで清算できるかというと、そうはいかない。

関西新空港も結局国費で負債を吸収するという話が現に出てきているところでして、そういうものを一切合切含めれば、広い意味の公的セクターの借金は六百四十五兆円では済まないです。七百兆、八百兆円という話に多分なるんだろうと思います。加えて民間の金融機関の不良債権問題、これも丁度今朝の新聞を見ますと、「そごう」という一民間企業が持っている負債を預金保険機構で引き受けて、それを一部債権放棄する、つまり借金を棒引きしてやるというようなことを決めております。

「そごう」は臨時的な、例外的な措置だなんてことを言ってますが、要するに一番今の自民党の米櫃あるいは選挙の時のマシーンになっている建設業界で、結構大きなゼネコンが倒れそうだという時に、「そごう」を救済してゼネコンを救済しないなんていうことは、常識からいってありえないですね。その地域経済への影響とか下請け関連企業の連鎖倒産とかを言い出しましたら、これは「そごう」でこういう前例を作った場合、バタバタと同じようなことが他の企業で進むことは明らかです。

それやこれやを考えますと、民間の方でも不良債権問題、要するに預金者から預かったお金を融資したり投資したりしているのが焦げ付いてしまって戻ってこないというのが百兆円じゃ下らないだろうということを考えて、千三百兆円といったって、一体本当に幾ら残っているかということですね。これは全く当てにならないということです。

斎藤精一郎さんの説によると、一番当てになる借金の引き当ては日本が持っている対外純資産、要するに外国で国債を買ったり、債券・株式を買って運用しているお金、これは本当に正味ある財産というわけですね。これはしかしつい最近まで百三十兆円ぐらいあったのが、九九年末の段階で九十兆円まで減っている。わずか一年で二十兆三十兆円減っている。つまりやはり国内でのお金がだんだん底をついてきて、対外純資産を切り崩すということをやっているんだろうと思うんです。

ともかく九九年末段階で借金の引き当てになる対外純資産というのは九十兆円。今の日本の国家財政、五十兆円の税収と三十兆の借金で回してます。そうすると九十割る三十で後三年が日本に残されたタイムリミットだというのが斎藤さんの説です。

政権維持のための伝統的な公約

そういうことを考えますと、一兎を追うという路線の危うさ、あるいは限界というものが非常に迫ってきていると感じられるということでして、結局今回の総選挙のいろんな政策論議を見ておりまして、国民の中にもそういう一兎を追う路線、何でも有りで赤字をどんどん増やしていくという安易な姿勢に対する批判と疑念が相当出てきているのではないかと私は感じました。

私は、しばしば民主党の連中には超近視眼的なんでも有りに対決するんだったら、敢えて「苦い薬」を処方するというようなことを言うべきだというようなことを言ってきた手前、課税最低限の話とか、いくつかの「苦い薬」というのは非常にいい問題提起であったと思っています。

これはまたそんなに有権者の反発を受けたわけではない。中身がまだよく分からないということもあるのですが、そうそう「こっちの水は甘い」というスタイルの伝統的な公約で釣られるほど日本の有権者も甘くはない。そういう民意の変化みたいなものを今回の総選挙では私は感じたわけです。

これが思い込みというのか、過大評価なのか分かりませんが、現に票の動き方を見ますと、それ程投票率が上がったわけではない、森首相が言った通り、無党派というのはかなり「寝てしまった」わけですが、それにしても自民党は都市部を中心にぼろ負けしたわけですね。自民党は都市部ではもはや三割もとれない普通の政党になってしまった。要するに「ドングリの背比べ」状態が都市部の選挙結果です。

やはりそういう意味で、日本の中間層、生活者は今の経済運営、財政運営に対して大変深い憂慮を持っているし、財政や社会保障問題を中心に中期的な展望を示すことを求めているんじゃないか。

都市部で落選した自民党の大物の声を新聞で拾ってみても、例えば介護保険の保険料の徴収延期とか、ペイオフの解禁延期とかいう類いの話ではもう有権者は喜ばない。むしろそういうことをしていて大丈夫かと言って、政権党に対して信頼感を失っていくというのが都市部の有権者の反応だということなんです。そういう意味で日本の民意は動きつつある。

ただどこに次の政治を託すかという選択肢がまだ見えてこないというところにどうも日本の政治の限界というか不幸があるという感じですね。

自公保連立政権には期待できない「財政再建」

現実の問題としては自公保が安定多数をとっているわけですから、しかもこれはやはり自民党の底力というのは衰弱しているわけで、なるべく選挙はしたくないとすれば、さっき言ったタイムリミットの三年というのはこの政権でズルズルと時間を過ごすだろうと、森さんは多分どこかのタイミングで変わるでしょうが、河野か加藤かが出てきて、今の政権の枠組みでズルズルとやるだろうと、そうすると短期的には私は非常に悲観的なシナリオを考えるしかないと思います。

というのは、北海道は自民と民主が結構接戦で、私は正直言って民主党があんなにとるとは思わなかった。今回は公明・学会が完全に自民の方にくっついてしまったから、十三のうち民主がとるのはせいぜい四かなと思っていたのですが、案に相違して結構拮抗した形になった。

しかし、自民党の基盤がどこにあるかが今回非常にはっきりしたわけです。つまり、宮城と岩手を除く東北地方、北陸・信越、中国・四国、九州のほとんど。これが自民党の金城湯池というか、都市で落ちぶれた自民党はそういう地方で小選挙区をがっちり確保して、どうにかこうにか連立を組んで安定多数という水準までいったわけです。

そういうところで当選した人達はやはり公共事業予備費五千億円をバーっと派手につかって、秋に補正予算を組んでより一層の景気対策を打つなんていうことを言っているわけです。

さっきのゼネコンの救済みたいな話ももし本当に具体的な課題として浮上してくれば、「弱者救済」とか「地域経済への影響重視」とか言って、まあ税金を使った特定企業の救済ということに多分旗を振るというスタイルで動くに違いない。そうすると一兎を追うという路線がずっと続く。どこまで行ったら別の財政再建という「兎」に切り換えるのかというと、今のこの自公保連立政権の中ではそういう切替えは余り期待できないといっていい。

連立政権の宿命　――漂流する難波船――

もう一つは自公という連立政権の宿命です。ご案内のように公明党という政党は今回自民党に一方的にギブするばっかりの選挙協力でテイクがなかった。そのせいで議席がガクンと減りました。しかしそんなことは先刻承知、一体全体自公で選挙協力をして、自民党の支持者の人が公明党の候補を入れるか、あるいは比例代表で公明党なんて書くはずがない。そんなことはちょっとでも選挙をやったことがある人間であればやる前から分かりきった話です。

ということは現在の小選挙区に三百、比例百八十という選挙制度の中では公明党のような政党というのは減らざるを得ない宿命にあるわけです。そのことを前提とした上で連立を組み、自公の選挙協力をやるということで、議員の頭数は減っても政権に対する影響力は確保できる。

要するに、自分達はこれだけ骨身を削ってあんたがたに協力してやったんだといえば、議員の数は減ったって影響力は高まる。そうすると補正予算なり来年の予算の編成の中でも、公明党得意の第二第三の地域振興券みたいな話が出てくる可能性が大であります。その面で一兎を追うというのがずっと続く。財政再建という別の「兎」はなかなか出てこない。よほど奇跡的な経済成長が復活して、来年、再来年と経済成長率が三%、五%なんてなれば、それは幾ら何でもぼつぼつ切り換えようかという話になりますが、そうはならないと思います。

要するにカンフル剤を止めたらまたこうヒューと失速するような状態でありまして、そういう意味で現実の政権運営というものが本当に漂流するという難破船状態だという感じです。

2　閉塞した現状は打破できるのか

政治的修羅場は三、四年後

ではどこに救いがあるのかという話ですが、本当の政治的な大きな選択、修羅場というのは三年後、四年後ぐらいにやってくるだろうと、この衆議院議員の任期が終わる頃に本当の二十一世紀の日本の命運を決する大きな戦いの場がくるのではないかというふうに思っています。その中でやはり重要なことは選択肢をはっきりと出すということです。国民自身もそういう二兎を追うみたいな路線がこれから延々と続くはずはないということを理解をしている。

私は今、大学でいろんな学年の学生を教えておりますが、先日一年生を相手にやっている入門編みたいな話で、二十一世紀のイメージということをたづねてみました。そうすると、六十人ほどいる学生の中で「明るい」と思う人は三人、「暗い」というのが五十五人ぐらいいるんですね。つまりパーセンテージにすると、五%ぐらいしか二十一世紀に希望を持っていない。残りの九五%はもうお先真っ暗というふうに思っている。これはやはり大変な危機です。

もう戻れない「量的拡大路線」

今まで戦後の日本というのは何度も何度も転換期とか危機とか言われてきたわけですが、それを何となく乗り越えてきた。今までは危機とか何とかと言われながらも、技術革新を進めるとかあるいは企業で減量経営を進めるとか、いろんなことで要するに右肩上がりというか、量的拡大路線に復帰することによって、危機を凌いできた。オイルショックの時もそうですね、円高不況の時もそうです。

しかし今度はもうそういう量的拡大路線に復活することで危機を乗り越えるという方法は多分通用しないだろうということです。それはなぜかといえば、もう二〇〇六、七年ぐらいから日本はそもそも人口が減少し始めるわけでして、そうすると当然のことながら経済成長の潜在力というのは低下してくるわけです。要するに物やサービスに対する需要というのはこれから減ってくるわけですから。

さらに言えば環境的な制約というのはいろいろあるわけでして、要するに炭酸ガスはもうこれ以上出せないとか、要するに今のような資源を大量に消費していくような経済システムというのはもうこれから続かないという問題、あるいは高齢化がどんどん進めば当然のことながら消費需要というのはやはり昔に比べれば減退するわけです。そういう意味で量的拡大路線に戻ることはできない。

そこで二十一世紀の日本の社会にふさわしい経済構造に転換していくということが当然重要になってくるわけです。

好ましくない「都市対農村」という政治的対立軸

次に、特に今回の政治の動きと関連した中央と地方という問題について、少しだけ触れてみたいと思います。

さっきもちょっと申しましたように、都市部で民主党が結構勝った。それから地方、農村部では自民党が依然として小選挙区で強みを発揮しているという構図の中では、いわゆる政策的な対立の軸として、「都市対農村」、あるいは「中央対地方」という軸が浮上してくる可能性があるわけです。

手っ取り早く、都市部で有権者の不満をあおるとすれば、東京や神奈川で払っている税金が地方交付税や補助金に化けて田舎の公共事業に流れていく、しかもそれがとんでもない無駄遣いばっかりだと、中海の干拓だとか、九州の川辺川ダムとか、要するに作ってもだれも喜ばない公共事業をやっているという話でもって都市部の有権者の不満を吸収するというのは、一定程度民主党はやったわけですね。もちろんそういう批判には一片の真理があります。

私も今のような補助金のシステムや公共事業のシステムで財政資金を再分配するということがこれからも続いていいとは思いませんが、それにしてもそういう単純な形で都市対農村という対決の図式が政治的な対立軸になるということは、あまり好ましいことではないというか、かなりこれは二十一世紀の日本を陰鬱なものにするだろうと思います。

あるいは石原東京都知事の新税、銀行新税問題なんていうのも、そういう意味では「都市対農村」、「中央対地方」の対立の図式をやや先取りする部分がある。

要するにあれは東京でしかできない話なんでして、それを先取りする。銀行業界が蓄えた利益のかなりの部分を東京都税としてかっさらうということをやってしまうわけです。本来であれば法人税という形で国に上がっていって、それが交付税その他の形で全国的に配分されるということなのかもしれないけれども、東京都の場合は一足飛びに外形標準課税を導入して、税金を取ってしまうということをする。それはやはり大都市のエゴイズムという面があるわけですね。この点はこれから非常に厄介な政治的な課題になっていきます。

いよいよ日本の財政が逼迫して、政策の優先順位とか、負担をだれが負うかという問題を相当深刻に議論をしなければいけない時代がくる中で、相も変わらず政権政党が地方重視型、従来型の利益分配、公共事業を中心とした利益分配をやっているという状況があれば、それに対する反作用というのが出てきて、それじゃあもう地方交付税なんか止めてしまえとか、そういう極論が出てくる。あるいは地方分権という名の下に、地域間の財政調整みたいなものを極力小さくしていって、富裕地域は自分達の税金をもっと自分達で使えるようにしろみたいな、そういう話が出てきかねない。

二十一世紀型デマゴーグを先どる石原慎太郎

私は石原慎太郎という人はそもそも大嫌いな人ですが、「三国人発言」なんていうとんでもない右翼的な体質を持っているというだけではありませんで、要するに彼は二十一世紀に出てくるかもしれないある種のデマゴーグを先取りしているところがあるから私は嫌いです。

そのデマゴーグの手法とはなにかというと、いくつか特徴があって、問題をうんと単純化する。つまり東京の人は税金を払うばっかりで恩恵がない。そういう形で問題を単純化して、それからもう一つ悪者と被害者という構図を作る。銀行新税の場合は銀行が悪者、預金者は被害者。あるいは三国人発言の場合は、外国人、定住外国人、とりわけ中国や韓国から来ている人が悪者で、善良な日本人が被害者という構図がある。そして財政の話でいえば、北海道から東北、四国、九州みたいに、国からの公共投資に依存している地域は悪者で、東京都や神奈川県や埼玉県の納税者は被害者と、そういう単純な悪者、被害者構造の中で、被害者意識をくすぐる。そのことによってフラストレーションを支持の源泉にするという、これがデマゴーグの手法です。

下手をすると今のような何でもあり、能天気路線が壁にぶつかって、もうにっちもさっちもいかないという時に、そういう形のデマゴーグ的な政治勢力が出てくる危険性だってあるわけです。ここのところはよほど民主党も気をつけないといけない。中途半端な都市重視路線みたいなことを言って、都市住民の不満をあおるみたいなことをやってしまうと、これは非常に日本の政治自体が不安定というかギスギスしたものになっていきます。

求められる都市・農村を通じた新しい経済構造への転換

日本はシンガポールみたいな都市国家にはなれません。これははっきりしています。一億二千万の人間がいて、都市だけに人間が集まって住むなんて、これは有り得ないわけですし、環境とか食糧生産とか、いろんなことを考えても、都市の生活を支えるバックグラウンドとしての地方というのは、やはりこれからもずっと必要になっていくわけでして、そういう意味で都市と地方という対立、不毛な対立をあおるんじゃない形の議論が必要です。そして地方の側でも従来型の公共事業中心の利益誘導型政策にはもう辟易をしている人が一杯いる。多分今日集まっている方々の地元でも、本音の話をすればそういう議論が出ているはずだと思います。いつまでもそんな野放図に公共事業予算でもってとりあえず建設会社に仕事を与えるみたいなことをやって、箱物を作ったりやっているけれども、本当にこれでいいのかという、そういう疑問を持っている方は一杯いる。

そういう意味で、都市・農村を通じた新しい経済構造への転換、これはなかなか口で言うほど簡単ではないですが、やはり公共事業から脱して、環境保全型、あるいは社会保障、社会福祉中心型の経済構造に変わっていくと言う大きな見取り図を示す。そして地域間のバランスはやはりある程度保ちながら、決定権をより地域に近いところに渡していくという形で効率化を図っていくというビジョンを示すということが構造改革の中でも特に重要なポイントの一つだろうと思います。

自己決定を基調としたローカルな政策決定

私は二十一世紀の日本の政治家から「陳情」と「利権」という言葉を死後にしようということをちょっと選挙の前に書いたのですが、要するに多分金額的には今までの交付税とか補助金という形で国からもらっているのはこういう財政難の時代ですから減らざるを得ないだろう。金額的に例えば一割二割り減る中で、どうやって実質を担保するか、どうやって効率化を図るかという時に、やはり集権型システムでは如何ともし難い。自己決定を基調としたよりローカルな政策決定を通して、需要と供給のマッチングを図るとか効率化を図っていくということが必要なことだろうと思います。

北海道でいえば、談合問題みたいなものが大きく取り上げられて、ああいうものを見るとやはり都会の人間はおこるわけですよ。「けしからん、なんだあれは」と。そういうふうに田舎の土建屋を養うために本来であれば安く済むものを三割四割高い値段でやっているのか、そんなことのために税金を払うのはばかばかしいといっておこる。これは当然の話です。

だとすればやはり談合問題で見えたある種の財政に皆が寄り掛かって、皆がそこで共存共栄していくというような従来のシステムは、これはやはり二十世紀とともに終わるというぐらいの覚悟を持っておかないといけないだろうと思います。

今、さまざまな制度構想が必要

問題はさっきも言ったように、タイムリミットは後少しあるわけで、そのタイムリミットの間にもうちょっと将来に向けた前向きの投資をするというか、あるいは移行期間、過渡期の手当をキチッとして、三年なり五年経ったら次の構造に皆が行けるように支えていくというか、そういう展望を持った政策が必要になっていくわけであります。

そういう意味で日本の政治というのは、大きく動き出す一歩手前という感じがします。やはり長年自民党が中心になって培ってきた権力の構造というのは相当今がたがたになってきている。

あと一歩で変わるのではないかというふうに私は思っておりまして、あと一歩で変わるという時に、やはりいろんなものがガラガラと全部変わっていく。

それはもちろん財政的な面でのインパクトが大きいわけですが、その中でやはり中央、地方関係とか、地方の制度的枠組みという話も相当大きな変化が起こるのではないかということでありまして、様々な制度の構想を考えるということも決して絵空事ではない。

今から望ましい地方自治の形、あるいは財政の在り方というものを議論しておくことは決して無駄ではないということをまず申し上げて、今日の本題のスコットランドと北海道という話につないでいきたいと思います。

II　地域開発の新しいパラダイム
―スコットランド・モデルの可能性

実は今年の五月に私どもの高等法制教育研究センターの開設記念シンポジウムをやりました。そこで、スコットランドの地方分権運動を支えたリーダーの一人であるイザベル・リンゼーさんという女性の方に来てもらって、お話をしていただきました。

その中でおっしゃったことの中心の一つは「「変化の可能性」をつねに信じて、改革の案を手元で暖めておきなさい」というメッセージでした。

これは誠に感動的な話がいくつかありますが、今の日本を見てますと本当に、古いシステムが二十世紀とともにガタガタと崩れて、次のシステムが立ち上がるという「変わり目」にあるのだろうと思うわけでして、そういう意味では制度の構想を自分達なりにいろいろと用意しておくことは大きな意味があるだろうと思います。

1　スコットランドの分権改革

そこで、スコットランドの分権について少しお話を進めて参りたいと思います。もともとスコットランドはグレートブリテン島の北部の一つの国だったわけです。ラグビーとかサッカーが好きな方はご承知のとおり、ラグビーの場合は「ファイブネーションズ」という対抗戦があります。それはグレートブリテンの中にもイングランドとスコットランドとウエールズという三つネーションがあり、それにフランスとアイルランドの五つのネーションで対抗戦をやるという話になってます。サッカーのワールドカップのヨーロッパ予選でもスコットランドとかウエールズは別のチームで予選に参加するということになっておりまして、もともと違う国だったのです。

スコットランドにおける分権運動の展開

それが十八世紀の初めにイングランドに併合されて連合王国になりました。以来スコットランドでは自立分権の動きが時々あったわけです。

本格的に分権の運動が盛んになったのは一九六〇年代ぐらいからだということでして、もちろんその土台にあるのは、一つは独立した民族意識、つまりネイションというアイデンティティの問題ですね。自分達はイングリッシュではなくてスコッツだという、我々から見ればグレートブリテンに住んでいるイギリス人はそんなに違いが分からないのですが、やはり地元の人達から見ればある種のアイデンティティというものがあるということです。

日本ではアイデンティティの話は、沖縄の場合は多分アイデンティティを通した分権の議論はできるかと思うのですが、その他の地域はどっちかというとそういうアイデンティティはあまりはっきりしていない。

もう一つ、我々から見て参考になるのは、六〇年代以降スコットランドはどんどん経済的に疲弊していったという背景です。

もともとはスコットランドは産業革命の時代に、造船業とか鉄鋼業で大きく栄えた地域です。グラスゴーというスコットランドの最大の都市は大変な工業都市でして、蒸気機関を発明したジェームズ・ワットもグラスゴーにいたんです。だから一九世紀には産業革命の後、経済的に大層繁栄をした。二十世紀に入っても、そういう伝統的な造船とか鉄鋼みたいな重厚長大型産業と石炭、炭鉱、それから水産業、林業とかで経済的にはかなり豊かだったわけです。

ところが戦後イギリス全体の国力がどんどん衰退して、没落をしていった中で、ことさらスコットランドは産業構造の転換の中で大きく取り残されていった。炭鉱が次々閉山をする、大きな工場がどんどん閉鎖になるということで、人口が流出をする。雇用がどんどん減っていく。失業者があふれてくるという中で、何とかこの地域を立て直さなくてはいけない。そのためには分権によって自分達自身で政策決定をできるようなシステムに移行するということが必要だという認識が高まってきたわけです。

もう一つ面白いのは、スコットランドには従来スコットランド省という、ちょうど北海道開発庁と同じような国のお役所がありまして、これが地域開発を一手に引き受けていたということです。要するに、国もそれなりに衰退するスコットランドにテコ入れをしようということで、特別な省を作って予算も投入してきた。しかしどうもうまくいかないということで、経済的な再活性化と政治・行政面での分権とが結び付いたということです。

スコットランドの行政府の仕組みですが、スコットランドでも議院内閣制を採用しておりまして、議会選挙を行い多数政党が組閣をする。

スコットランド議会の選挙では労働党が第一党ですが過半数には達しなかったので自由民主党という政党と連立政権を作った。ドナルド・デューアさんがファーストミニスター・首席大臣というふうに呼ばれています。

地域自立の意味

このスコットランド政府の仕組みですが、内政上の権限のほとんどはロンドンの中央政府からエジンバラのスコットランド政府に移されている。外交と防衛とマクロ経済、通貨・金融、これはロンドンの中央政府が持っているわけですが、その他の仕事はスコットランド政府に全部任してしまう。英語でスコットランド議会はスコッティシュ・パーリアメントと申します。

パーリアメントというのは大変重い言葉でして、主権を持った議会をパーリアメントといいます。英語でもう一つ議会にアッセンブリーというのがあるんです。要するに日本の地方議会とかは全部アッセンブリー。アッセンブリーというのは一応議会ではあるけれども主権がない。だから主権がないということは税金の決定ができないということです。あるいは法律を作ることができないということです。

スコットランド議会の場合はパーリアメントでありまして、スコットランドの中だけに適用できる法律を作ってもいい。そこで作る法律とイギリスのロンドンで作っている法律と別に矛盾してもいい、スコットランドにはスコットランドの法律を適用するだけだみたいな、そういう話になるわけですね。

もう一つ財政の面で、なかなか面白い、我々から見ればうらやましい話ですが、一般財源としてイギリス全体の予算の約一割相当分がスコットランド政府に渡される。これは一般財源で使い道は自由ということになってます。

その一割の根拠というのは何かというと、人口比ですとか、若干スコットランドは北の端にあって、離島とか過疎地があるので、若干底を嵩上げするという、日本の交付税の特例みたいなものがちょっとある。

イギリスの人口は六千万で、そのうちスコットランドは五百二十万ですから、まあ一割弱という見当とプラスそういう地理的な条件を若干加算して一割ということになってるのです。その一割相当分の予算についてはスコットランド議会で自由に予算を作って決めなさいという話になってます。国は一切口出しをしない。

リンゼーさんというスコットランドの大学教授で市民運動家である方の話を聞きますと、例えばイギリスのブレア政権は大学の授業料を新たに徴収すると、それまでは実質的にただだったものが有料になってしまった。一年千ポンド学費をとる。しかしスコットランドだけはロンドンの方針に反対をして、スコットランドについては大学の学費はただを維持するという政策をきめた。

これは、まさに自己決定の一番分かりやすい例でして、もちろんその場合、予算は一定ですから大学の無料を維持しようと思えば、他の分でやはり我慢をするという予算の取捨選択が必要になってきます。本当に権限を渡されれば皆やはり予算をどうやって分配することが自分達の地域のためになるかということをまじめに考えるようになる。

要するに予算の総額というのは決まってます。若干所得税は上下三％の範囲内で加減できるという権限はあるんですが、増税は基本的にしないという前提で考えるとすれば、スコットランドというのは長年優秀な大学を抱えて、教育、学術の中心として栄えてきたという誇りを皆さん持ってます。エジンバラ大学にしてもグラスゴー大学にしても、例えばアダム・スミスとかね、大変立派な学者を輩出した大学でして、高等教育についてはインテリ以外の人も含めて皆大変強い誇りを持っている。そういう中でロンドンが授業料徴収ということを決めても俺たちはもうそれには従わない。俺たちは大学を無料にして優秀な若者が勉強できるような環境を作るのがこの地域の一つの理念というか売り物なんだということを言って、予算を付ける。

そういう格好で自己統治というか自己決定というものが行われていくわけです。こういう地方分権が実現をする経緯といいますかいきさつということについて次に触れてみたいと思います。

歴史を見よ

先程六十年代ぐらいから地方分権に向けた動きが始まったということを申し上げました。一九七〇年代に当時労働党政権の下で一度分権改革の案がまとまりかけたことがありました。そして一回住民投票を行ったわけです。投票した人間の中では過半数の賛成を得たのですが、全住民の中で過半数をとるところまでいかなかったということで、住民投票は失敗して、地方分権の動きがストップしました。

七九年にサッチャー政権が登場すると、今度は八十年代から九十年代にかけて保守党の中央集権的な政策がどんどん続いていって、スコットランドはむしろ大変逆風にあえぐという時代に入っていきました。つまりスコットランドというのはどちらかというと経済的にはなかなか自立しにくい、中央からのいろんなお金にやはり依存をしているという地域でして、そういうところが小さな政府路線とか財政緊縮路線の中央政府の下で、厳しい取り扱いを受けるということは不可避であります。

自分達はある種の社会サービスを維持しようとしても、中央からの厳しい締め付けの中で住宅政策や教育政策等で後退を余儀なくされるというようなことで、辛酸をなめたわけです。

そういう中でやはりスコットランドの自立、自己決定に向けた制度改革をしなければいけないという機運が高まってきたということです。一九八〇年代ぐらいからそういう地方分権を求める運動が本格的に動きだしました。先程から紹介している今年五月にお呼びしたイザベル・リンゼーさんもそういう運動の中のリーダーの一人であったわけです。

この運動はスコットランド憲政会議と呼ばれる団体でして、最初は学者、労働組合、あるいは女性とか、いろんな市民が集まって、自分達にとっての分権の制度的な構想を議論し練っていくという作業をやっていきます。そして徐々に政治家、政党をそこに巻き込んでいくということをやっていったわけです。

保守党の方は、中央集権路線というのをとっているわけでなかなかそういう運動には参加しないのですが、当時スコットランドにあった労働党と自由民主党、そしてスコットランド国民党という地域政党をその運動の中に巻き込んでいって、将来政権交代が起こった暁には自分達がここまで議論をした改革の青写真を即座に具体化、実行するというような約束を取り付ける方法をとったわけです。

リンゼーさんに、あなた方は絶望的な状況の中で、なぜ地方分権を叫びつづけたのかと尋ねたことがあります。

それに対する彼女の答えは「歴史を見ろ」という答えです。要するにチェンジという言葉です。「昔なくなるはずがないと思ったものが今はない」、あるいは逆に「昔はあり得ないと思われたことが今は当たり前になっている」それはなんだろうということなんです。

さすが革命を経験した人たちの子孫というのは実に逞しい。

十年がかりで用意された「分権構想」

さっきもお話の中にありましたように、一九八〇年代半ばというのは本当にどんどん中央集権と財政緊縮だけが、民営化ですね、行政サービスを縮小するんです。

これに対して憲政会議が分権構想を打ち出し、その中では自治体も重要な役割を果たしました。そして九七年の総選挙と政権交代で、それが一挙に前進しました。

私はちょうどその時にイギリスにいたので覚えているのですが、五月に選挙があって政権交代があって、七月の議会に地方分権法案を提出する、そして可決される。九月に住民投票をやって十一月ぐらいから国会で、もっと細部のスコットランド分権に関しての規定、主権をどんどん詰めて、翌年にはその法律ができ、そのため九九年の五月には新スコットランド議会発足ということです。

ですから本当にバタバタと進んでいた。その背後には十年がかりで用意した「分権構想」があった。

これが例えば選挙制度はどうしようか。ドイツの比例と小選挙区を合わせたような制度、日本の制度といろいろある。スコットランドで単純小選挙区をやってしまうとやはり人が全然出てこられない。そういう問題がある。

財政の話はどうしよう、議会制度のプロセスはどうしよう、行政組織はどうするかを、実に詳細な制度の構造をすべて検討していた。

繰り返しになりますが、いつできるか分からない、軌道に乗らないかもしれないような制度の改革案を皆一生懸命議論した。

それはさっきのリンゼーさんが、いつか必ずタイミングがくる、その時に、タイミングがきた時に案がなかったらこれはやはりどうにもならない。ちょうど政治改革のことを思い出しました。

一九九三年の選挙がちょっとしたチャンスだったと思います。しかし私も含めて日本の学者というのは本当のところ日本の政治や行政をどうしたいのか、ちゃんとした備えをもっていなかった。これは誠に今から顧みても痛恨事です。

あの時に例えば本当の意味での中央・地方関係の行き先がああいう利権誘導型の公共事業の補助金システムみたいなものを変えることができていたら、さぞかし日本の二十一世紀も明るくなっていたんだと思うのですが、いかんせん改革を求めていた人間自身も、ここをこうしてここをこうすれば良くなるみたいなちゃんとした青写真を十分固めていなかった。

次のチャンスがいつ来るかわかりません。二〇〇三、四年くらいに決戦の時が来るかもしれません。その時にあわてないよう、今から日本の地方自治の形を構想しておく必要があります。

2　スコットランドの地域開発

産業構造の転換

地方分権、制度改革の話と並んでもう一つ重要なのは、地域開発と経済、産業の面でのお話です。

冒頭申しましたように　スコットランドは重厚長大型産業の衰退と一次産業の衰退、人口の減少ということで、その辺は割と北海道と似ているわけです。その中でどうやって地域経済を立て直すか、再活性化するかということは、これも非常に重要なモデルを出したような感じがします。

一九六〇年代後半から旧式の産業構造がガラガラと崩れて失業者が町にあふれた。日本は今失業率四・七％といってますが、イギリスの失業率は一五％時代というのがあった。そういう中で、もちろん政治的な圧力もあるし、住民の要求もあるし、日本のような公共事業という話ももちろんある。

あるいはもう放っておけばつぶれる会社に無理やり国のお金を入れて、それを存続させていく、とりあえず維持するという政策ももちろん取られました。

戦略的経済政策の重要性

しかしそういうことをいくらやっていても、先は見えてこないということを彼等自身がはっきりとらえているのです。「戦略を考える」ということが見えだしたわけです。一九六〇年代の末あたりの一番最悪の時期、七〇年代もずっと大変だった。七〇年代後半ぐらいからそういう戦略というのをちゃんと考え出し、八〇年代ぐらいから半導体産業を中心としたハイテク市場の道を積極的に進めていって、今日ではスコットランドのエジンバラ・グラスゴーの間は先進企業の集積地という地帯になったわけです。

スコットランドの成功のひけつは、三年ぐらい経ったらそのプロジェクトが成功したかどうかをちゃんと評価するということです。これは本物だと思ったのはやれるという見極めですね。このリスクに対する適切な対応、管理するという発想、これがやはり日本には全くない。スコットランドにはあった。旨くいかないかもしれない。その方法を考えるという試行錯誤の中で、お客様の誘致にかなりの程度先行したおかげです。

グローバル化と地方自治体

現地の関係者に北海道への教訓をきいてみました。それに対しては、一地方の経済開発、産業政策としてのグローバル化を抜きに考えることはできないという答が返ってきました。世界の動きに背を向けて内側に閉ざされた姿勢を取っていては駄目だということですね。さらに、地方にいるといえども戦略とか情報を無視した経済政策はありえない。北海道の場合、あるいは当然国に頼ってお金をもらってきても、それは将来につながっていかない。そのお金が切れた瞬間にその地域は駄目になってしまう。依存体質というものが全然変わっていかない。目先のことを何とかしてほしいというプレッシャーが大変強い中でどうやってスコットランドでは長期的な視点での政策の実行ができたのか、そこがどうにも不思議な感じがしたわけです。これに対する答は、政策を作る人達自身がはっきりとした確信を持つということだろうと思います。確信を持った上で未来を構想するということ、要するに今のような国に頼るとか、公共事業というと中央の方を頼りきっている姿勢を続けていては、これは三年、四年経ったらもう終わり。どんなに水準が高くても公共事業はこないと思います。

三十年前のスコットランドの逆境というのは今の日本よりもっとひどかったけれど、そこから立ち直って今日の経済的な繁栄を作り上げてきた。さらにハイテク産業に頼るというのではなく、新しいビジネスに次々と知恵を貸そうと日々大変努力している。地方分権によってますますそういう地域レベルでの経済政策が自由になる、思い切った展開がどんどんできるということで、一様にスコットランド省の人達も含めて今回の地方分権を歓迎している。

いちいちロンドンに行って予算をもらったりいろんなことを説明したりする手間が省ける。意思決定はどんどんスピードアップ、こういう利点・長所があるというわけですね。

ですから地方分権と経済的な活性化というのは一体のものなのです。

財政面での均衡の仕組み

もう一つ言い忘れたことなんですが、財政面での均衡の仕組みをどうやって守るのかということとです。地域間の財政力格差をどう埋めるかは、どこでもむずかしい問題です。リンゼーさんは「繁栄する地域がなぜ繁栄できるかというと、それは政治的中心地をどこに置くかということによって、随分影響されるんだ」と言います。たまたま例えばイギリスで言えば、ロンドン辺りが繁栄するのはそこに首都があるからいろんな情報や人が集まる。そして政治的なセンターが繁栄する。だから「それによってもたらされた富を国民全体に分配していくことが必要なことなんだ」と言っている。この辺はこれからも中央と地方、都市と農村での富の奪い合いが展開される中で、我々も考えていかなければならない。

3　北海道への教訓

最後に北海道への教訓ですが、これからは、地方であるといえども、地方政府として自覚と自負を持って情報を集め、戦略を考えることが非常に重要であると思います。

社会保障などあらゆる分野において将来展望と戦略を持ってないと、やっていけない時代になる。例えば、予算をどうやって分配するか。何に一番お金を使い、何を減らすかというのは厳しい話だからちゃんと考える。

それから自治体の企業の問題ですが、具体的に北海道人口五七〇万人、大変適切な規模です。スコットランドもそうであるように、本来ならばやはりもうちょっと自覚が出てきていいと思います。これもしかし実際やってみるとどんどん問題は出てくるわけです。

二〇〇一年の省庁再編のあとすぐまた二、三年で行政組織を変えるのはなかなか難しいかもしれませんが、日本全体としてのやはり道州制に向けた議論、例えば都道府県を統合しながら強力な地域企業育成のような議論が当然これから高まってくるわけです。

何より国の方は借金でどうしようもない。地方は地方で勝手に決めろみたいな話になってくるのかもしれないですね。

もう一つは、スコットランドの中で、特に経済的な再建を果たしてうまくいった地域としてスポットが当たったのは、エジンバラ、グラスゴーというスコットランドの大都市を結ぶベルト地帯、だいたい東西百キロぐらいの地域です。もちろん他に土地がありますし、農村がある。

要するに総花的にあっちにもこっちにも工業団地を作っていってもうまくいくわけがない。工場を呼ぶのはグラスゴーの近郊、この地域は酪農、農業をやらない。そういう見きわめをちゃんと付ける。だからスコットランド省、あるいは今度は自治政府としては、はっきり方向性をもって、総花的な施設作りをしないという意味では非常に厳しいし冷たいところもあると思います。そういうふうに企業が進出してきたりするんですが、そこの地域の中の中途半端な工業団地はもう強制的に無くすか、はっきりした引導みたいなものもやっている。そこのところをやはり日本の地方というのはなかなか難しい、苦手な話です。北海道の場合はどうしても札幌中心になってしまうのと同じで、それが弊害をもたらしているという面もある。しかし、北海道をどうするか。地域の足の引っ張りあいをさせないリーダーシップみたいなものも必要でしょう。ということでスコットランドのこれからの展開は我々にとって大変興味深いし、いろんなことを気づかせてくれます。

単に、真似すればいいということではないのですが、こういうふうにやって頑張っている例もあるんだと思えば、少しは皆さんも元気が出て、やる気になるのではないでしょうか。そういう気持ちをまず起こすところからはじめいっていただきたい。

（本稿は、二〇〇〇年七月一日、北海道大学法学部八番教室で開催された地方自治土曜講座での講義記録に一部補筆したものです。）

著者紹介

山口　二郎（やまぐち・じろう）
北海道大学法学部教授
一九五八年生まれ。東京大学法学部卒業。東京大学法学部助手、北海道大学法学部助教授を経て一九九三年四月から現職、二〇〇〇年四月から同法学部附属高等法政教育研究センター長を兼務。
主な著書に「政治改革」「日本政治の課題」（いずれも岩波新書）、「イギリスの政治　日本の政治」（筑摩書房）「危機の日本政治」（岩波書店）など。

刊行のことば

「時代の転換期には学習熱が大いに高まる」といわれています。今から百年前、自由民権運動の時代、福島県の石陽館など全国各地にいわゆる学習結社がつくられ、国会開設運動へと向かう時代の大きな流れを形成しました。学習を通じて若者が既成のものの考え方やパラダイムを疑い、革新することで時代の転換が進んだのです。

そして今、全国各地の地域、自治体で、心の奥深いところから、何か勉強しなければならない、勉強する必要があるという意識が高まってきています。

北海道の百八十の町村、過疎が非常に進行していく町村の方々が、とかく絶望的になりがちな中で、自分たちの未来を見据えて、自分たちの町をどうつくり上げていくかを学ぼうと、この「地方自治土曜講座」を企画いたしました。

この講座は、当初の予想を大幅に超える三百数十名の自治体職員等が参加するという、学習への熱気の中で開かれています。この企画が自治体職員の心にこだまし、これだけの参加になった。これは、事件ではないか、時代の大きな改革の兆しが現実となりはじめた象徴的な出来事ではないかと思われます。

現在の日本国憲法は、自治体をローカル・ガバメントと規定しています。しかし、この五十年間、明治の時代と同じように行政システムや財政の流れは、中央に権力、権限を集中し、都道府県を通じて地方を支配、指導するという流れが続いておりました。まさに「憲法は変われど、行政の流れ変わらず」でした。しかし、今、時代は大きく転換しつつあります。そして時代転換を支える新しい理論、新しい「政府」概念、従来の中央、地方に替わる新しい政府間関係理論の構築が求められています。

この講座は知識を講師から習得する場ではありません。ものの見方、考え方を自分なりに受け止めてもらう。そして是非、自分自身で地域再生の自治体理論を獲得していただく、そのような機会になれば大変有り難いと思っています。

「地方自治土曜講座」実行委員長
北海道大学法学部教授　森　啓

（一九九五年六月三日「地方自治土曜講座」開講挨拶より）

地方自治土曜講座ブックレットNo. 61
分権の可能性　スコットランドと北海道

２０００年１０月２５日　初版発行　　　定価（本体６００円＋税）

著　者　　山口　二郎
企　画　　北海道町村会企画調査部
発行人　　武内　英晴
発行所　　公人の友社
〒112-0002　東京都文京区小石川５－２６－８
ＴＥＬ０３－３８１１－５７０１
ＦＡＸ０３－３８１１－５７９５
振替　００１４０－９－３７７７３

「地方自治土曜講座ブックレット」（平成７年度～11年度）

	書名	著者	本体価格
	《平成７年度》		
1	現代自治の条件と課題	神原　勝	九〇〇円
2	自治体の政策研究	森　啓	六〇〇円
3	現代政治と地方分権	山口　二郎	（品切れ）
4	行政手続と市民参加	畠山　武道	（品切れ）
5	成熟型社会の地方自治像	間島　正秀	五〇〇円
6	自治体法務とは何か	木佐　茂男	六〇〇円
7	自治と参加　アメリカの事例から	佐藤　克廣	（品切れ）
8	政策開発の現場から	小林　勝彦 大石　和也 川村　喜芳	（品切れ）
	《平成８年度》		
9	まちづくり・国づくり	五十嵐広三 西尾　六七	五〇〇円
10	自治体デモクラシーと政策形成	山口　二郎	五〇〇円
11	自治体理論とは何か	森　啓	六〇〇円
12	池田サマーセミナーから	間島　正秀 福士　明 田口　晃	五〇〇円
13	憲法と地方自治	中村　睦男 佐藤　克廣	五〇〇円
14	まちづくりの現場から	斎藤　外一 宮嶋　望	五〇〇円
15	環境問題と当事者	畠山　武道 相内　俊一	五〇〇円
16	情報化時代とまちづくり	千葉　純 笹谷　幸一	（品切れ）
17	市民自治の制度開発	神原　勝	五〇〇円
	《平成９年度》		
18	行政の文化化	森　啓	六〇〇円
19	政策法学と条例	阿倍　泰隆	六〇〇円
20	政策法務と自治体	岡田　行雄	六〇〇円
21	分権時代の自治体経営	北　良治 佐藤　克廣 大久保尚孝	六〇〇円
22	地方分権推進委員会勧告と　これからの地方自治	西尾　勝	五〇〇円
23	産業廃棄物と法	畠山　武道	六〇〇円
25	自治体の施策原価と事業別予算	小口　進一	六〇〇円
26	地方分権と地方財政	横山　純一	六〇〇円
27	比較してみる地方自治	田口　晃 山口　二郎	六〇〇円

「地方自治土曜講座ブックレット」（平成７年度～11年度）

	書名	著者	本体価格
	《平成10年度》		
28	議会改革とまちづくり	森　啓	四〇〇円
29	自治の課題とこれから	逢坂　誠二	四〇〇円
30	内発的発展による地域産業の振興	保母　武彦	六〇〇円
31	地域の産業をどう育てるか	金井　一頼	六〇〇円
32	金融改革と地方自治体	宮脇　淳	六〇〇円
33	ローカルデモクラシーの統治能力	山口　二郎	四〇〇円
34	政策立案過程への「戦略計画」手法の導入	佐藤　克廣	五〇〇円
35	’98サマーセミナーから「変革の時」の自治を考える	神原昭子 磯田憲一 大和田建太郎	六〇〇円
36	地方自治のシステム改革	辻山　幸宣	四〇〇円
37	分権時代の政策法務	礒崎　初仁	六〇〇円
38	地方分権と法解釈の自治	兼子　仁	四〇〇円
39	市民的自治思想の基礎	今井　弘道	[未刊]
40	自治基本条例への展望	辻道　雅宣	五〇〇円
41	少子高齢社会と自治体の福祉法務	加藤　良重	四〇〇円
	《平成11年度》		
42	改革の主体は現場にあり	山田孝夫	九〇〇円
43	自治と分権の政治学	鳴海正泰	一、一〇〇円
44	公共政策と住民参加	宮本憲一	一、一〇〇円
45	農業を基軸としたまちづくり	小林康雄	八〇〇円
46	これからの北海道農業とまちづくり	篠田久雄	八〇〇円
47	自治の中に自治を求めて	佐藤　守	一、〇〇〇円
48	介護保険は何を変えるのか	池田省三	一、一〇〇円
49	介護保険と広域連合	大西幸雄	一、〇〇〇円
50	自治体職員の政策水準	森　啓	一、一〇〇円
51	分権型社会と条例づくり	篠原　一	一、〇〇〇円
52	自治体における政策評価の課題	佐藤克廣	一、〇〇〇円
53	小さな町の議員と自治体	室崎正之	九〇〇円
54	地方自治を実現するために法が果たすべきこと	木佐茂男	[未刊]
55	改正地方自治法とアカウンタビリティ	鈴木庸夫	一、二〇〇円
56	財政運営と公会計制度	宮脇　淳	一、一〇〇円
57	自治体職員の意識改革を如何にして進めるか	林　嘉男	一、〇〇〇円
58	道政改革の検証	神原　勝	[未刊]